# Ingeborg Reiter

# Wia da wö

# Ingeborg Reiter

# Wia da wö

Gedichte
voll
Lebensweisheit und Humor

*Bibliografische Information der Deutschen Nationalbibliothek:
Die Deutsche Nationalbibliothek verzeichnet diese Publikation in
der Deutschen Nationalbibliografie; detaillierte bibliografische
Daten sind im Internet über http://dnb.d-nb.de abrufbar.*

*Die automatisierte Analyse des Werkes, um daraus Informationen
insbesondere über Muster, Trends und Korrelationen gemäß §44b
UrhG („Text und Data Mining") zu gewinnen, ist untersagt.*

Impressum:
© 2025 Ingeborg Reiter

Verlag:
BoD · Books on Demand GmbH, In de Tarpen 42,
22848 Norderstedt, bod@bod.de
Druck:
Libri Plureos GmbH, Friedensallee 273, 22763 Hamburg
ISBN: 978-3-7693-5562-8

# Inhalt

# Des und Dos

# Bruck'n und Mauern

I wü a Bruck'n sei'
für de herent und für de drent.
I wü a Bruck'n sei'
für de, de was getrennt.
I wü a Bruck'n sei',
um Gräb'n zan überwind'n.
I wü a Bruck'n sei',
um zwoa Seit'n zan verbind'n.
I wü a Bruck'n sei',
für de, was andere Ufer woll'n erreich'n.
I wü a Bruckn sei',
um vüles auszugleich'n.
I wü gern a Bruck'n sei',
für drent und für herent.
I mecht net a Mauer sei',
de was ois trennt.

# Drahdiwaberl

Was a Drahdiwaberl is,
des woaß a jeda do gaunz g´wiß.
Des bewegt si net in oa Richtung nua,
is oft a drawi himmazua.
Zuwi, dauna, rundumadum,
übersi, untasi, fort und in da Stub´n.
Hinterrucks und vorderbei,
überdrüba, ois oanalei.
Zruck oder hivia, so wia ma´s kennt,
amoi drent, amoi herent.
Rennt oft auffi oda owizua,
s´Drahdiwaberl gibt koa Ruah.

# Dunnaweda

Wann´s dunnert und blitzt
und schütt dann nu gnua,
des g´hert za an g´herign
Dunnaweda dazua.

Wann er sie a Blunzn nennt
und sie sagt za eahm du Suam du bleder,
mir scheint da gibt´s a grad
a ordntlich´s Dunnaweda.

Wann si´s Weda vaziagt
und da Ärger vapufft,
dann geht´s wieder besser,
hat si g´reinigt de Luft.

# Durch die Blume

Durch die Blume i´s gern sag,
dass i di do recht gern mag.
A so a bunter Blumenstrauß
sagt ja a oft ganz vü aus.
Net nur mit Farb´n, a mit Sort´n
richt ma oft mehr aus wia mit Wort´n.
Und sand da ganz vü Potz´n drau,
sagt, dass de Liab nu wachs´n kau.

# Frieden

Vü mehr wert als Guat und Geld,
des is da Fried´n auf da Welt.
Wann ma netta hat Hass und Neid,
des bringt do in an Lebm koa Freid.
Es is do vü a scheanas G´füh´,
Wann ma wem andern helf´n wü.
In Fried´n mitananda leben,
was kunnt´s auf da Welt denn Schenas gebm.

# Frisch aussa

Frisch aussa wia´s drin is´,
net kriacha am Bau(ch),
des is zwar leicht g´sagt,
aba net oiwei schlau.
Sag´s oft liaba durch de Blume,
damit tua i neamd weh,
dazua nu a Lächl´n,
is oft grad a so sche.

# Glückwünsche zur Hochzeit

I wünsch eich a schen's Leben zu zweit,
ihr seid's ja beide herzlich, humorvoll und g'scheit.
I wünsch eich, dass guat ausnutzt's eiche gemeinsame
Zeit
und net vaschwendt's an Zank und Streit.
I wünsch eich bei "Hoppalas", so was kummt vor,
da a Gelassenheit und Humor.
I wünsch eich, dass der gegenseitige Respekt nia
valorn geht
und oiwei ans zan andern steht.
I wünsch eich, dass vü kinnt's mitananda lacha
und manchmal a varruckte Sachan macha.
I wünsch eich, wann's amoi net so rennt nach eichan
Gschma´,
das wisst's, der Andere is für mi da.
I wünsch eich mitanand a wunderbar's Leben,
es sol vü Liab, Zärtlichkeit und Freid eich gebn.
I wünsch eich Glück, so v ü  w a s  g e h t,
i glaub, dass jeder des vasteht.

# Irgendwann

In da Vagangenheit, im ganz´n Lebm,

da hat´s vü " irgendwann" scho gebm.

In da Zukunft gibt´s neta oans, was sicher is,

nur s`Datum is nu net ganz gwiß.

Do hear i nia ganz auf zan Trama,

ma kunnt ja do nu was vasama.

Schauat ma gern Fotos va friaha an,

de g´macht word´n sand do irgendwann.

Friaha war ma halt do nu fotogener,

jünga und daher nu schena.

Aba statt Fotos aus da Jugendzeit,

gibt´s scho mehr Röntgenbilder heit.

Neamd hat an aufklärt damals in da Kindazeit,

aba irgendwann is ma draufkemma,

es gibt zwoaraloa Leut´.

Irgendwann friaha hat ma si üba Sachan kränkt,

wo ma heit neta mehr mit an Lacha nu dran denkt.

Wann oan was net recht ansehg´n mag,

schiabt ma´s oft am St. Nimmerleinstag.

Ma hofft auf den Tag dann irgendwann,

wann ma des wieder damanz´n kann.

Ma denkt oft zruck und a hifia,
wia´s war und wia´s sei wird - irgendwia.
So moant und hofft ma dann und wann,
dass ois a guat´s End nimmt - irgendwann.

# Kennst mi nu?

Mein Spiagl, nua aus alt´n Tag´n,

den wü i heit glei eppas frag´n.

Na, net ob i de Schena bi im Land,

de Antwort drauf war´a eh bekannt.

I frag den Spiagl grad : " He du,

wia schaut´s denn aus, kennst mi du nu?"

Wia i vor ganz a langan Zeit

di angeschaut hab voll Schüchternheit,

als Kind mit lange schwarze Haar,

oft übermiati, zeitweis trauri´ war.

Und späta dann in da Jugendzeit,

da warst va großer Wichtigkeit.

Bevor i bi zan Tanz abg´haut,

hab i mi gern in Spiagl g´schaut.

De Jahr dana warn mit Arbat ang´füllt,

es hat si verändert des Spiaglbüld.

Des Leben net oiwei oafach war,

hat wachs´n lass´n graue Haar.

Des Kind hat si vawandelt in der langen Zeit

in a weißhaarige Frau voll Zufriedenheit.

Drum frag i di heit : "Mei Spiagl du,

wia schaut´s denn aus, kennst du mi nu?"

# Mei Paradies

Es is a schener Tag im Mai,
des Wetta kunnt net bessa sei.
Es geht ma guat, tuat ma nix weh,
de Blumen rund herum bliahn sche.
Da Fliederduft in mei Nas´n dringt,
am Bam a Ams´l recht sche singt.
Lass ma´s bei Kaffee und Kuchen recht guat geh.
Da deng i ma, is s´Leben net sche?
I fühl mi wia im Paradies,
wer woaß, wia´s dort amoi dann is!

# Mondscheini

Wia i in oaner klar'n Sommernacht
den Mond am Himmel so betracht,
da geht mir allerhand durch'n Sinn.
Ob i vielleicht wunderli scho bin?
Den Mond, den bringt nix aus da Ruah,
schiabt ma eahm für all's a d'Schuld oft zua.
Kannst schlecht schlaf'n, hast koa Geduld,
is gar koa Frag, da Mond is d'schuld.
Und was all's, so hab i denkt,
na grad mit'n Mond'nschein zsammhängt.
Naja, da Mond, der hat scho Kraft,
des was koa andana net schafft.
Ebbe und Flut, des stimmt ja scho,
aba ob er a s'Wetta macha ka(nn )?
Da Mondkalender tuat dir rat'n,
was toa sollst und was kunnt dir schad'n.
Da geht's um's Pflanz'n setz'n, Bam umschnei',
Haar farb'n, streicha, wann di soll s'Fensterputz'n
gfrei'.
Da gabat's ganz vü Sachan grad,
auf de da Mond all's Einfluss hat.

Wann g´strittn wird auf Mord und Brand,
da is ganz klar, d´schuld is da Mond.
I glaub in aner Vollmondnacht
da hat der Mond de Liab aufbracht.
Er nimmt´s a ganz gelassn auf,
fliegt ma za eahm und steigt nu drauf.
D´Ruah und de Gelassenheit,
de kannst va eahm lerna a allzeit.

Andächti schau i ins Firmament,
wo´s gibt koan Anfang und koa End.
Schau auf zan Mond ganz fasziniert
und hab tiaf drin auf oamal g´spiat,
wia meine Sorg´n kleana werd´n
in Anbetracht va Mond und Stern.
Bin netta a kloans Staubkorn nur
im groß´n Kreislauf der Natur.

# Muattatag

Es geht net nur um den Muattatag,
a Groß- und Urgroßmüatta, gar koa Frag.
Als Kind habm mia gern g'macht da Muatta a Freid,
heit gfrei ma si, wann si unsere Kinder für uns nehman
Zeit.
Nix is für uns heit mehr so wichti
wia gschenkte Zeit, de gfreid uns richti.
Za de Kinder kemman jetzt scho de Enkerl und
Urenkerl dazua,
Freid machan uns de alle gnua.
De Einschränkungen im Alter soll'n uns net vadriaß'n,
dafia wolln ma de gschenkte Zeit mitanand geniaß'n.
Mia wolln nix mehr nehma, dafia vü mehr geb'n.
Danke für de Zeit und mia wünsch'n a schens Lebm.

# So oder so

Soll i so oder so sag´n?
Soll i liagn oder frag´n?
Soll i lob´n oder treama?
Mag i´s kalt oder wärma?
Mag i´s siaß oder sau?
Bin i dumm oder schlau?
Bin i fleißi oder fäu?
Soll i red´n oder halt´n s´Mäu?
Soll i tschinall´n oder rast´n?
Soll i urass´n oder fast´n?
Geh i buglad oder g´schlecht?
Mach i´s falsch, mach i´s recht?
Geht´s ma net randi oder guat?
Soll i a Haubm aufsetz´n oder an Huat?
Bin i dünn oder dick?
Hab i a Pech oder a Glück?
I´s grad leise oder laut?
Is ma was fremd oder vertraut?
Is was schiach oder sche?
Soll i auffi oder owigeh?
Kimm i amoi eanta oder z´spat?

Hab i a Freid oder gar d´Not?

Bin i trauri oder froh?

Amoi so und amoi so!

# Stö´da voa

Stö da vor, da Strom is aus,
alloa de Vorstellung is a Graus.
Vom "Black out" kannst jetzt überall hearn,
des Schwarzmal´n hab i gar net gern.
Vom Stromausfall is da de Red,
woaß do heit jeder, sand net bled.
Do a a anders "Black out" tuat mas stiern,
des is mei Black out oft im Hirn.
De Leit mit "Dings" werd´n oiwei mehr,
wo nimm i denn den Nam´ grad her.
I woaß´n do, kau fast greif´n drum,
fallt ma net ei´, des is saudumm.
So "Black outs" wü do koaner hab´n,
net dort, net da, ois geht in Grab´n.

# Welt im Wandel

Wann i a net vü auf da Welt umanand kemma bi´,

mit´n Finger auf da Landkart´n find i überall hi´.

Bin scho vor langer Zeit gebor´n,

vü is seitdem scho anders word´n.

A Teil meiner Kindheit nu ohne Strom war,

des wa heit gar nimmer vorstöbar.

De Zeit ohne Handy, Kühlschrank, Waschmaschin´,

de kimmt ma da grad wieder in´ Sinn.

Da Alltag tat ohne des gar nimmer geh,

trotzdem war mei Kindheit damals a sche.

Do ändert si d´Welt am laufend´n Band,

was jetzt ois gibt, is allerhand.

Von der künstlichen Intelligenz kriagt ma oiwei mehr z´hern.

I glaub, dass i des aba nimmermehr lern.

Aba drüba kannst di in der Zeitung informier´n.

Do tuast ja a scho was für dei Hirn.

Jetzt kinnans sogar scho an Chip in dei Hirn ei´bau,

Da werd´n dann d´Leit sicher nu mehr schlau.

Aba des kimmt für mi do nimmer in Frag.

I genieß a ohne Chip grad nu an jed´n Tag.

# Winterfreuden

Meiner Seel', is des net sche,
a jed's Zweigerl is voller Schnee.
Weiß is all's, a jeder Bam,
de Winterlandschaft is a Tram.
Ja, es stimmt, i gib's ja zua,
wunderli bin scho gnua.
Bevor da Schneepfluag kimmt ins Rama,
fang i an, a weng zan Trama.
Siach mi wat'n durch tiaf'n Schnee,
mit'n Schlittn oifahr'n va da Höh'.
Mit de Schi, de nu aus Holz
bin i g'fahr'n mit ganz'n Stolz.
Hab schneeball'nt und bin g'schliefaritzt,
g'schaut, dass mi net am Hintern sitzt.
Ja, des fiacht i heit scho a,
wei's Aufsteh' fallt ma jetzt gar schwa.
Bin halt vorsichti ban Geh',
do a im Winter is Leben sche.

# Zwischen Hümmi und Erd

Zwischen Hümmi und Erd
rennt oft heifti vakehrt.
Passiert allerhand
wo net g´langt da Vastand.
Kemman´s Glück und s´Malär
jetzt mit´n Zuafall daher?
Oder is all´s scho bestimmt,
was für Richtung dass s´nimmt?
Mei Hirn rennt im Kroas,
wei i d´Antwort net woaß.
Bin oft im 7. Hümmi g´schwebt,
hab prompt an Plumpser drauf erlebt.
Mei Zü´ is nimmer so hoch g´steckt,
hab mia de Lattn tiafa g´legt.
I kimm beim Friedhofspritz´n eher
mein Zü´ scho oiwei a weng näher.
Such jetzt den Hümmi auf da Erd,
i glaub, des is gar nia vakehrt.

# A weng wos zan Schmunzln

# Ang´schmiert

Kimm i aus da Braus´n waschlnass,
dann geht glei drauf des G´schmierad los.
Ang´fangt vom G´sicht bis owi zan Fuaß,
wei halt de Haut a pflegt werd´n muaß.
Zerscht kriagt des G´sicht de Crem für´n Tag,
dann Körpercrem, wo i halt g´langa mag.
De Fuaßcrem extra muaß a sei´,
damit de Ferschn glatt und fei´.
Wei´s in oan Aufwasch´n geht glei,
schmier i mir vorsorgli s´Kreiz nu ei´.
Dann kimmt nu dran mei spinnat´s Knia,
für des hab i nua a and´re Schmier.
I moa, so hab i drauf g´studiert,
jetzt bin i mit all´ Salman (Salben) g´schmiert.

# Denk ma no

I denk grad no, wia in meine Kinderjahr
des Wort Aufklärung nu a Fremdwort war.
Hat ma was aufg´schnappt und g´fragt dann dana´,
hat´s netta g´hoaßn "Schindln am Da´".
Habm selba auf ois draufkemma miass´n zua damalig´n
Zeit.
Hat lang daut, bis ma gwisst habm, es gibt zwoaraloa
Leit.
Vialleicht s´grad deswegn friaha so spannend war,
wia ma kemma sand in d´Jugendjahr.
Aba irgendwann, der oane friaha, der andere späta,
samma dann draufkemma a a jeder.
Mia haben ois aussag´fund´n im Laufe der Zeit,
sunst warat´n ma ja net Großeltern heit.
Heutzutag is scho oft umgekehrt,
dass des Enkerl de Großeltern aufklärt.

# Des erste Mal

Es is zwar aus scho ganz vü Jahr,

do woaß i jetzt nu, wia des war,

I vagiss des net mei Lebtag lang,

wei mir war vor Aufregung ganz bang.

Der Gedanke war a Qual,

wia´s sei´ wird so beim erst´n Mal.

Ob i dabei all´s richti mach

und mi net schama muaß danach.

Hab mi seelisch scho guat vorbereit´,

damit all´s klappt, wann´s is so weit.

Do auszahlt hat se si net de Zitterei,

wei in 5 Minuten war eh scho all´s vorbei.

De Buaß danach war a ganz leicht,

wia i des erste Mal war bei der Beicht!

# Gendern

Des Gendern jetzt, i kann eng´s sag´n,
des liegt ma oft ganz sche im Mag´n.
De deutsche Sprach so zan vahunz´n.
Sag i jetzt was falsch? Mir is des blunz´n.
Da lob i ma unser´n Dialekt,
so oafach und do so direkt.
Um jetzt glei a Beispü z´nenna
brauchst neta de Zahl zwoa hernehma.
Sag i de "zwo", siach i 2 Frauen geh,
sand´s 2 Manna, sag i de " zwe".
Sag i de zwoa, des schliaßt ois ei´,
so oafach kann de Mundart sei´.

# Golden Girls

## Die „Golden Girls" vom Hause Fürst

An an Dienstag is scho seit Jahr'n da Brau',
wia lang wis ma selbm nimma so genau,
dass beim Fürst de „Golden Girls" antanzt kemman
und de Tarockkart'n mitnehman.
No, tanz'n tuat vialleicht net stimma,
mit'n Tanz'n habn's hiaz alle nimma.
Do lassen's fast koan Dienstag aus,
drum hat da „Alzi" bei eah koa Chance.
Dos Alter spü't da fast koa Roll'n,
wei's alle unbedingt spü'n nu woll'n.
S'19er Ruaf'n is beim Fürst ang'sagt,
van Mittag an wird da G'stieß dort g'jagt.
„I hab an Vogl", heart ma's da oft schrei,
oder „I spü an Dreier glei".
De Christl halt gern alle auf Trab,
geht nix weida, wird's oft glei hab.
D'Maria beruhigt, wann's dann sagt:
„Es is ja eh koa Has'njagd."
De Christl is mit ihre 90 nu so guat drauf,

mit Respekt schaun ma alle zu ihr auf.

Und ohne da Maria ihr'n guat'n Schmäh

wa's Tarockiern nua halb so sche.

Beim vü'n Geb'n und beim Kartenzähl'n wird da Inge

net fad,

aba es gibt fast nix, was liaba tat.

D'Roswitha is mit 75 de Jüngste va all'n,

drum rechnet's uns aus, wiavü is zan Zahl'n.

Des Tarockiern beim Fürst is bei alle sehr beliebt

Und mir hoff'n, dass de „Golden Girls" dort nu recht

lang gibt.

# G´sunde Ernährung

A jeder wü si g´sund ernähr´n,
aba a za de Genießer g´hern.
Um des unter oan Huat zan bringa,
de Kunst muass oahman erst gelinga.
Znachst hat mi wer gfragt, wia´s mir so geht
und wia´s um mei Gesundheit steht.
Unkraut vageht net, hab i flott drauf g´sagt
und mi a weiters net beklagt.
Als Unkraut tat sie mi net seg´n,
wa eanta a Heilkraut für sie g´wen.
A Heilkraut hat de mi grad g´nennt,
i siach des an als Kompliment.
De Antwort hat mi sakrisch g´freit
und baut mi auf de ganze Zeit.
Do meist mehr Heilkraft drinnen steckt,
wann´s grausli oder hanti schmeckt.
A i bin net oiwei lusti, himma granti,
a weng sauer oft und hanti.
Do siach i´s als guat´s Zeich´n an,
wann i damit wem helf´n kann.

# Ois was recht is

Wia ma so hert, in manch´n Leb´n
kann´s bei de Paarln so was geb´n.
Zerscht toans Hasi, Mausi, Spatzerl hern,
auf amoi d´Viecherl greßer werd´n.
Ois was recht is, i moa I tram,
Dass d´Viecherl so schnä wachs´n, glaubst ja kam.
A falsche Schlang, a blede Goaß
machan si langsam dann auf d´Roas.
Aus an Kaibi wird a oide Kuah,
dann kimmt oft a Trampetier dazua.
Wann´s a oft große Tiere gibt,
de kloan sand trotzdem mehr beliebt.

# Sprachlos

Was macht mi sprachlos? Was kunnt des sei´?

Da fallt ma sicher scho was ei´.

I moa, da g´hert schon was dazua,

wei red´n tua i gern heifti gnua.

Hat mi scho oft was sprachlos g´macht,

hab i´s ganz schnö´ wieder einabracht.

Wann i mi recht vor was daschreck,

bleibt sogar mia de Spucke weg.

Atomwerke werd´n grea, i kann eng´s sag´n,

da kunnt´s oan wirkli d´Red vaschlag´n.

Da Kriag und de Zerstörung umadum,

des macht oan vor Schracka ja ganz stumm.

Do kann´s a himma anders sei´

und mir fallt vor lauter Glück nix ei´.

Wann ma zan Beispü´ wer recht sche tat,

wurd i v i e l l e i c h t ganz stü und stad.

# udanks

Ganz udanks hat si wo a Fehla ei´g´schlicha,
ganz udanks is ma an Uglück ausg´wicha.
Ganz udanks is scho oft a Malär passiert
und hat si ganz udanks drauf geniert.
Ganz udanks hat scho amoi wer an Anruaf kriagt
und hat´n ganz udanks do recht g´miagt.
Ganz udanks is scho oft oane schwanga word´n
und hat dann ganz udanks a Kinderl gebor´n.
Drum wü i jetzt zusammenfass´n:
Ma soll net ois dem Zuafall überlass´n.

# Wia ma si do täuschn ka(nn)

I muaß ja so froh sei´, dass i eahm ha(n),
wei mi brunzat eh koa Hund mehr a(n).
So hat er g´sagt za mir da Ma(nn).
Wia ma si do täuschn ka(nn),
da Nabbanhund hat´s neuli ta(n)!

# Alte Bräuch

# Alte Bräuch´

An Sunnda ohne Kirchageh, des hat´s net geb´n,

des hat dazuag´hert zan Bauernleb´n.

Da sand de Ross nu ei´g´spannt word´n

und ma is mit´n Rennwagl in d´Kircha g´fahr´n.

Wann a Hozat oda a b´sunderer Anlass war,

dann hat ma s´Rennwagl "krent" sogar. (geschmückt)

Den "Engel des Herrn" vorm Mittagess´n

und s´Rosnkranzbet´n in da Fast´n net zan vagess´n.

An etla Baunfeichta falln ma grad ei´,

oft war da a Kirda a dabei.

s´Fensterln geh´ war friaha sehr beliebt,

schad, dass des heit gar nimmer gibt.

 Beim Saustecha war s´Sauschädlstehl´n da Brau(ch),

da hat er guat aufpass´n miass´n da Bau´.

In de groß´n Baunstub´n hat´s oft Rockaroasn geb´n,

des war a ganz a lustig´s Leben.

Mit aner Steirisch´n hat meistens wer zan Tanz

aufg´süt,

dazu hat ma g´sunga und tanzt oft ganz wild.

Und etla Spiele fall´n ma nu ei´,

wia Fingahakl´n, Polsterltanz oder Fuchs in Brei´.

Da Jagamarsch hat ba koana Tanzerei g´fehlt.

Des warn schene Unterhaltungen ohne vü Geld.

Vorm Hoamgeh haben alle mitanand des "Gute

Nacht"Liad g´sungan.

Des sand nu schene Jugenderinnerungan.

# Fastenzeit

In meiner Kindheit, lang is her,
all's woaß i ja heit nimmermehr.
Do 40 Tag lang Rosenkranzbet'n hinteranand,
des brennt si ei' in dein Vastand.
Nach da Stallarbeit, nach'n Supp'ness'n
sand alle uman Tisch dann g'sess'n.
Beim schmerzhaft'n zur Fastenzeit,
hab i mi scho' auf Ostern g'freit.
Dann später, wia de Kindheit war vorbei:
in da Fast'n koa Hozat und koa Tanzerei.
Vabot'n war jede Lustbarkeit.
Wia hab i mi auf Ostern g'freit.
'S fleischlose Ess'n war für mi koa Plag,
wei' i eh a Mehlspeis' genauso mag.
Aba grad dann, wann's amoi net soll sei',
dann tatst di auf a Bratl gfrei.

# Fingerhuatvastecka

Es is ja bekannt, wann ma älta wird,

das des des Langzeitgedächtnis aktiviert.

Wia soll´s bei mia a anders sei,

mia fallt da allerhand wieder ei´.

Von meiner Kindheit ohne Handy und Computer

kimmt ma da heifti wieder unter.

Nach´n "Vasteckaspü´n" mit ang´schlag´n 1,2, 3

fallt ma natürli "s`Nachrennaspü´n" nu ei´.

Haben uns mit" Zebberln" und "Tempelhupfn" Zeit

vatrieb´n

und hinterm Haus oft "Kugerl g´schieben".

Siach mi bei "Ziehe durch" im Schuihof spü´n,

und beim "Zehnerln" mit´n Ball´n auf d´Mau hizü´n.

War als "Blinde Kuh" oft zan a(n)find´n.

Des bin i heit a oft, halt ohne Aug´nbind´n.

Sand bei "Der Hase läuft über das Feld" über d´Wiesen

g´rennt.

Ob "Räuba und Schanti" heit nu wer kennt?

"Schneida leich ma d´Scha" war a sehr beliebt,

oder " s´Fingerhuatvastecka", ob´s des heit nu gibt?

Bei mir gibt´s des nu oft, halt ohne vastecka,

wo hab i was hintan, fallt ma net ei´ ums Varrecka.
Sagt ma ja neamd, wird´s hoaß oder kalt.
Da fallt´s ma wieda ei´, i bin ja scho alt.

# Wia´s bei de Bau´n friaha war

Es is ja alls scho ganz lang her,

wer kennt des nu, woaß des nu wer?

I woaß nu guat, wia´s friaha war,

de Baunarbat durchs ganze Jahr.

Vü Arbat´n gibt´s gar nimmer heit.

Es warn dazua a vü z´weng Leit.

An Knecht und a Dirn find´st heit nirgends mehr,

drum miassn a d´Maschinen her.

Do friaha is des all´s anders g´wen.

Davon mecht i eng heit a weng dazähln.

Vo Arbatn, de heit koana mehr kennt,

drum werdn´s va mir da jetztat g´nennt:

MEL(CH)SECHTA, SEPARATOR, MÜABADRAH,

SEISUPPN ess´n,

BUTTARIAHRN, BUTTAFASSL, MOHNMERSCHA,

MOHNSTESSN.

GÖPPIFAHRN, GSOD, KHACK, FUATTASCHNEI´,

OCHSNJOCH, ROSSKUMMAT, OASPANL und LOATSEI´.

LIADERN, SENGSTMAH, DANGLN, WETZN,

MISTFIAHRN, ACKERN, EGGN, ERDÄPFISETZN.

Beim Heig´n is zan AUFMADLN, SCHÖBERN und
Z´STRAH dann g´wen,
zan ROACHA, FASTN, WISCHBAM auf´s FACHTL leg´n.
Beim SCHNITTERN dann KORNMAH, AUFHEBN mit da
SICHL, GARBN bindn, KORNMANDL aufstölln, Most
tringa, schwitzn und schindn.
Dann beim KORNEIFIAHN voller Gratn bist dann gwen,
NA TAL war´s himma zan RADSCHUAH ei´legn.
HAWANMAH, TROADEIFIAHN, GROAMMATHEIGN,
DRESCHN, Säck A(B)TRAGN, AFTER`S KORN, und
FLEIGN.
ERDÄPFI grabn, ERDÄPFIZEGA ZAHN und TASCHA
vabrenna,
Erdäpfi drin bratn und beim HIATN de KIAH
na(ch)renna.
Mostobstklaubn, FASSL AUFSCHLAGN, da Binda war
auf da STER.
Obst pressn, Kraut und Ruabn hoambringa, ma richt de
Krautboding her.
Kraut EITRETN mit blossn Fiassn.
( Zerscht hast es halt amoi waschn miassn.)
DRISCHL DRESCHN, SCHAUB macha zan STROHDA(ch)
herrichtn,

Brennholz macha, Reisabuat hacka und Scheida
schlichtn.

Im Winter ins Holz geh mit ZUGSAG, HACKA, SAPL,
ROAGLKETTN,

von an Hawesta war da nu lang nix zan Sehgn.

In da Stubn beim KÖRBIZEHN und BESNBINDN
warn meistens d´Mannaleit zan Findn.

Do s`SÄCK FLICKA, FEDERNSCHLEISSN und SPINNA,
des haben de Frauen besser kinna.

So is zuaganga bei de Bau´n vom Fruahjahr bis zan
Winter,

es war vü Plag, aba a vü Freid dahinter.

*Übersetzung der speziellen Bezeichnungen für die Bauernarbeit
S. 71*

# 80 plus

# 80 plus

Mit´n Alter kimmt ois mögliche daher,
de Zipperlein werd´n oiwei mehr.
De Technik is jetzt scho a Luada,
da Scharfsinn is a net grad a guada.
De Schwerkraft, de hat´s a in sich,
ois ziagt´s mehr owi, s´is fürchterlich!
Mir wolln mit all´n aba fertig werd´n,
wei leb´n toan ma ja trotzdem gern.

# Altweibersommer

I mecht eng des gern sag´n heit:
Da Altweibersommer is mei Lieblingszeit.
I fühl mi wohl vom Spatherbst bis in Mai,
oba i gfrei mi, waun da hoaße Summa is vorbei.
Va de Jahreszeiten kimmt ma via,
passt eh da Altweibersommer am bessan za mir.

# Denk ma no

I denk grad no, wia in meine Kinderjahr
des Wort Aufklärung nu a Fremdwort war.
Hat ma was aufg´schnappt und g´fragt dann dano´,
hat´s netta g´hoaßn "Schindln am Do".
Habm selba auf ois draufkemma miassn zua damalig´n
Zeit.
Hat lang daut, bis ma gwisst habm,
es gibt zwoaraloa Leit.
Vialleicht s´grad deswegn friaha so spannend war,
wia ma kemma sand in d´Jugendjahr.
Aba irgendwann, der oane friaha, der andere späta,
samma dann draufkemma a a jeder.
Mia haben ois aussagfund´n im Laufe der Zeit,
sunst warat ma net Großeltern heit.
Heutzutag is scho oft umgekehrt,
dass des Enkerl de Großeltern aufklärt.

# Fang au

Jetzt reiß di z´samm, fang endli au,
des Schreib´n do net so schwa sei kau´.
Drum heb do wirkli jetzt glei au´,
sunst rennt da nu de Zeit davau´.
So red i mit mir selbm oiwei,
da geht ma langsam z´schia au glei.
Stö di net au, tua nimma wart´n,
sunst siacht da jeda bald in Kart´n.
Dass Hirn wird a scho langsam laarer,
und s´Schreib´n für di scho kloaweis schwarer.
Bruada ums Eck, jetzt pack´s sche schleini´
und häng di endli wieda eini.
Tua auf da Stö´ mit´n Plärrn aufhern,
es kau´ ja a nu amoi bessern werd´n.
Mein Selbstgespräch mach i drum a End
und nimm an Schreiberling in d´Händ.
Bring a paar Zeil´n nu aufs Papier,
wei´ ganz aufhern wü i do nia.
Vielleicht wü do nu wer zualosn,
bevor´s mit´n Schreibn geht ganz in d´Hos´n.

# Glickliche Kindheit

Stö da vor, mei Hirn macht jetzt an Sprung
und i bin auf oamoi wieder jung.
S´ Leben damals ganz bescheiden war,
aba es is besser wordn va Jahr zu Jahr.
Ma hat´s ja a net anders kennt
und hat si net in Illusionen varennt.
D´ Leit warn dort froh, dass da Kriag war vorbei
und haben si über d Arbat g´stürzt dann glei.
I hab trotz Bescheidenheit a guate Kindheit vabracht
und de Schulaufgabn nu a zeitlang ba da Ölfuns´n
g´macht.
Wia i s´erste Mal hab kriagt an Orang´n in d´Hand
Hab i mi g´fühlt wia im Schlaraff´nland.
Ma kann si´s gar nimmer vorstell´n heit,
wia mi si damals nu üba Kloanigkeitn hat g´freit.

# Trotzdem

Kimmt ma a weng rogli scho´ daher,
ma siacht scho´ schlecht,
na(ch) lasst scho´ s´G´her.
De Sturzgefahr wird oiwei gressa,
und d´Hirnarbat wird a net bessa.
Es zwickt oft dort und reißt oan da,
ois lasst halt scho a wengerl na´.
Des sollt uns net krawutisch macha,
es gibt a oissa alte nu was zan Lacha.
Genieß ma jed´n Tag so guat als geht,
a wann oan´s Wasser bis zan Hals oft steht.
Trotzdem leb´n ma oiwei nu gern,
was anders kriagt´s va mia net z´hern.

# Vom Altwerdn

Ob´s uns jetzt recht is oder gfallt,
mia werdn allsand sche langsam alt.
Des is des G´rechte auf da Welt,
dass da all´ Leut´ genauso geht.
I scham mi net, bild ma a nix ei´,
a so wia´s is, so soll´s halt sei´.
Vasuach aus all´n des Beste z´macha
und jeden Tag mindestens oamoi herzli´ lacha.
Wei´s Jammern hilft uns a net weida,
da is da s´Lacha zehnmal gscheida.
Es gibt do so vü schene Sachen,
de a uns Alt´n nu glückli´ machan :
Vü Zeit mit liabe Leit vabringa,
a schene Musi hern und singa,
a nett´s Gespräch tuat jeden guat,
ma fasst dann wieder neich´n Muat.
Ma derf a ruich oft kindisch sei´,
dann kann oan´s Leben erscht richti´ gfrei´.
Es sand meistens de kloan Sachan,
de oahman de größte Freid oft machan.
Siacht ma des Glasl halbert voll,

is halb so schlimm, fühlst di ganz wohl.
Ma muaß de Augn offen halt´n,
dann is s´Leben sche, a für uns Alt´n!

# I bin weg

Oiwei öfta kimmt ma via
Woll´n meine Gehirnzell´n weg va mia.
Scho wieda fallt ma was net ei´,
des kau´ do jetzt ja nimma sei´!
Da kunnt i mi scho oft z´Tod habn,
was bin i denn für blede Wabn!
I tat ja eh ganz vü dagegen,
dass de grau´n Zell´n net wegga meg´n.
Mach oft Sudoko für mei Hirn,
i hoff´, es hülft a s´Tarockiern.
Tua Kreuzworträtseln und vü les´n,
aba es hülft ois nix, is ois oa Wes´n.
I tua gern singa, geh unter d´Leit,
nimm ma zan Rummycupspü´n nu Zeit.
I tat a gern a weng nu schreib´n,
wann a paar Zell´n nu überbleib´n.
Do wann si oiwei mehr vazupf´n,
kund i vor Zorn im Kroas oft hupf´n.
I wü mi jetzt weida net beklag´n.
Was wollt i jetzt eigentli´ nu sag´n?

# Anhänge

# Mundartausdrücke

| | |
|---|---|
| a Neichtl | kurze Zeit |
| a paar Netsch | etwas Kleingeld |
| a(b)spen | abstillen, selbständig machen |
| altvadarisch | alt, nicht mehr in |
| Bäh | bösartige Frau |
| Beivögl | Bienen |
| bledern | rasen oder viel reden |
| Bletscha | Blätter |
| daborma | Mitleid haben |
| dagrewön | gerade noch ergreifen können |
| Däh | schlechter Geruch, Mief |
| drawig | eilig sein |
| Dreaschn | großer Mund |
| Dudl | feste, starke Frau |
| eadaweis | mancherorts |
| Fotzn | Watsche, Ohrfeige |
| Ganggerl | Lausbub |
| Gauz | schlimme Frau |
| Gomma | Haus hüten |
| grein | schimpfen |

| | |
|---|---|
| Gresn | Gold oder Silbermünze (f. bes. Anlass) |
| Gschamsterer | Liebhaber |
| Gscheithaferl | alleswissender Mensch |
| Gugascheckert | voller Sommersprossen |
| häu | glatt, rutschig |
| hauteag | tüchtig, lebhaft |
| Hebbin | Frosch |
| Hoazlgoaß | Holzsitz f. Arbeiten entrinden) |
| Hoppadidl | übermütiges Mädchen |
| in amsins | quasi, sozusagen |
| irdrucka | wiederkäuen |
| irigsmal | manchmal |
| krän | kränzen, schmücken |
| Krautschäuer | Vogelscheuche |
| loamlockat | etwas träge, nicht ganz fit |
| lob | flau, fad |
| lobalad | fad oder flau |
| Maschekseitn | andere Seite, von hinten |
| natal | bergab |
| netn | nötigen |
| nopfazn | Nickerchen machen |
| oposchn | heimlich verschwinden |

| Prebstling | dicker Mann |
| randi (net randi geh) | nicht gut gehen |
| Ranftl | Rand (Brotscherzl) |
| Raun | Schorf, Pustel |
| Reisabuad | Reisigbündel |
| Schampa | Jacke |
| Schanierl | Genie |
| Scheagangger | Petze (Verräter) |
| Scherm | Nachttopf |
| schern | kümmern |
| schieda | dünn, durchgewetzt |
| schliafn | schlüpfen |
| schmettern | schwindeln oder groß daherreden |
| Seisuppn | Rahmsuppe m. Buttermilch |
| Spreissl | dünne Holzstücke |
| tack sei | rüstig sein |
| Tatzerl, Tegerl | Schüsserl |
| Teschek | jemand, der ausgenutzt wird |
| toikat | sich ungeschickt anstellen |
| Toscha | Grünzeug von Knollengemüse |
| Tragatsch | Radlbock(Handwagerl m.1 Rad) |
| Tschabasdeckl | Kopfbeckung, Hut |

| | |
|---|---|
| tschinalln | schwer arbeiten |
| Tschoch | Plage, Mühsal |
| Ursch | Trog |
| vagigatzn | sterben |
| was da wö | irgendwas, wie auch immer |
| Weisat | Geschenk für Neugeborenes |
| werastn | währenddessen |

# Redewendungen und Sprüche

| | |
|---|---|
| A Hirn habm wia a Nudlsieb | nicht gescheit sein, vergesslich sein |
| A Nacht drüba schlafn | noch überlegen |
| Auf Nadl´n sitzen | gespannt sein, ungeduldig warten |
| Bruada ums Eck | über sich selber ärgern |
| D´Sau rauslass´n | etwas herausposaunen, sich ausleben |
| D´Schiah oageh | sich fürchten |
| G´hupft wia g´hatscht | egal sein, es kommt aufs Gleiche hinaus |
| Grad guat ohne Fäustling | gerade angenehm |
| Hau di über d´Häusa | Lass mich in Ruhe, überwiegend als unfreundlich gemeinte Aufforderung zum Gehen, vergleichbar mit schleich dich. |

Hümmi, Orsch und Zwirn — derber Fluch; Ausruf des Ärgers, der Wut auf etw. oder jmdn.

oa Ding — egal sein

s´Kraut ausschütt´n — es sich mit jemandem verderben

Si was auf´s Aug´ drucka lass´n — sich überzeugen lassen

Sitz´n is guat, sagt da Schneida, wann er über d´Stubn geht. — Ironisch gemeint, weil der Schneider bei der Arbeit immer sitzt.

Spompanadl´n machen — Faxen, Unsinn, Umstände, Probleme machen, sich ungehörig aufführen, daneben benehmen

Statt Hütschuah (Holz) Bundschuah vasteh — falsch verstehen

Um mi geht´s zua wia im Winta um d´Strohhiat. — nicht begehrt sein

Ungstifta treib´n — Blödsinn oder Schwierigkeiten machen

Wia da wö  
Zan Essn und zan Betn  
soll ma neamd netn

jeder wie er möchte  
Zum Essen und zum Beten  
sollte man niemanden  
zwingen

# Wia´s bei de Bau´n friaha war
## Übersetzung

| | |
|---|---|
| MEL(CH)SECHTA | Milcheimer |
| SEPARATOR | Gerät zur Trennung von Rahm und Magermilch |
| MÜABADRAH | Separator bedienen |
| SEISUPPN | Rahmsuppe mit Buttermilch und Rahm |
| BUTTARIAHRN | Butterrühren |
| BUTTAFASSL | Butterfass |
| MOHNMERSCHA | Holzfass zum Mohnstampfen |
| MOHNSTESSN | Mohnstampfen |
| GÖPPIFAHRN | mechanisches Gerät zum Heu- und Strohschneiden |
| GSOD | Zerkleinertes Heu und Stroh |
| KHACK | Zerkleinertes Heu und Stroh mit Klee |
| FUATTASCHNEI´ | Heu- und Strohschneiden (siehe Göppi) |

| OCHSNJOCH | Anspannvorrichtung für Ochsen |
| ROSSKUMMAT | Anspannvorrichtung für Rösser |
| OASPANL | Teil des Anspannwerks |
| LOATSEI´ | Leitseil zum Anspannwerk |
| LIADERN | ordentliches Grünfuttermähen |
| SENGSTMAH | Mähen mit der Sense |
| DANGLN | handwerkliches Sensenschärfen mit speziellem Hammer |
| WETZN | Schärfen der Sense mit Schleifstein |
| MISTFIAHRN | Auftragen von Kuhmist auf die Wiese |
| ACKERN | Pflügen |
| EGGN | Feinarbeit nach dem Pflügen |
| ERDÄPFISETZN | Kartoffeln für die Aussaat in die Erde bringen |
| AUFMAHLN | Heu zu einer Zeile rechen |

| SCHÖBERN | Heuzeile zu kleinen Haufen machen |
| Z´STRAH dann g´wen | Heuhaufen zum Trocknen wieder zerstreuen |
| ROACHA | Heu mit der Gabel auf den Heuwagen heben |
| FASTN | das übernommene Heu schlichten |
| WISCHBAM | Stange zum Niederdrücken und Sicherung der Heufuhre |
| auf´s FACHTL leg´n | auf die Heufuhre legen (Wischbam) |
| SCHNITTERN | Getreide mähen |
| KORNMAH | Roggen mähen |
| AUFHEBN mit da SICHL | Sichl = Erntewerkzeug |
| GARBN bindn | Getreide am Feld zu Bündeln verarbeiten |
| KORNMANDL aufstölln | Schlichttechnik von 9 Garben zum Trocknen |
| KORNEIFIAHN | Heimbringung der Korngarben (Kornmandl) |

| Gratn | spitze Nadeln an der Ähre zum Fraßschutz |
| NA TAL | bergab |
| RADSCHUAH ei´legn | Bremsklotz für´s Rad |
| HAWANMAH | Hafer mähen |
| TROADEIFIAHN | Getreide heimbringen |
| GROAMMATHEIGN | 2. Heuernte im August |
| DRESCHN | Körner mit Dreschmaschine vom Stroh trennen |
| A(B)TRAGN | Säcke mit Korn vom Stadel ins Haus tragen |
| AFTER`S KORN | kleinere geringere Kornqualität |
| FLEIGN | Außenhaut (-hülle) der Körner |
| ERDÄPFI grabn | Kartoffeln ernten |
| ERDÄPFIZEGA ZAHN | Tragegefäß für die Kartoffelernte |
| TASCHA vabrenna | Oberirdische Teile (Kraut) verbrennen |
| auf da STER | Gewerbetreibende vor Ort (ähnlich Walz) |

| Krautboding | Bottich für die Sauerkrautherstellung |
| DRISCHL DRESCHN | Mit Dreschschlegel Körner entfernen |
| SCHAUB macha zan STROHDA(ch) herrichtn | spezielle Strohbündel für´s Strohdach |
| Reisabuat hacka | Reisig in gleiche Höhen hacken und zusammenbinden |
| Scheida schlichtn | gespaltenes Holz in Reihen schlichten |
| SAPL | Handwerkzeug zum Transport von Holzstämmen |
| ROAGLKETTN | Spezialkette zum Spannen |
| KÖRBIZEHN | händische Produktion von Holzkörben |
| FEDERNSCHLEISSLN | Daunen vorbereiten zum Befüllen von Tuchenten |

# Über die Autorin

Ingeborg Reiter, geboren 1941 in Braunau, wuchs auf dem Hofstätterhof in Selker auf. Dort lernte sie schon als Kind die Arbeit auf einem Bauernhof kennen. Daher ist es ihr wichtig, dieser beinahe verschwundenen Welt ein Denkmal in ihren Gedichten zu setzen. Neben der Beschreibung der bäuerlichen Arbeit pflegt sie auch die Überlieferung alter Dialektwörter, um sie vor dem Vergessen zu bewahren.

Sie entdeckte ihre Lust am Schreiben erst im Pensionsalter. Seit einigen Jahren ist sie Mitglied im „Stelzhamerbund".

# S'Gredad auf der Gred

Der kernige Mühl-
viertler Dialekt hat es
Ingeborg Reiter
besonders angetan. So
erzählt sie in dieser
Sprache wahre Bege-
benheiten aus dem
Dorfleben der Nach-
kriegszeit. Auch ihre
Lebenserfahrung
spiegelt sich in manchen
Texten, in denen sie

einen humorvollen Blick auf Verrücktheiten der
heutigen Gesellschaft wirft.